Risible

*Mondité bleu*

# Mondité bleu

*Bleu clair*

Lorsque les astres s'alignent les étoiles scintillent,

Sur terre les arts s'animent sur un dessin et brillent

La magie des astres retrace ton image,

Et dessine ton visage dans les nuages.


Lorsque le feu s'assombrit je contemple l'horizon,

Dans le ciel blanchi par l'eau se reflète une chanson.


La fin d'un vers laisse un point dans le monde,

Tous ces faits divers blessent la mer d'ondes.

*Une éternité*

Pour toi jeune fille rêveuse,
Que jamais je ne vis heureuse.
À l'heure où le monde s'endort,
Toi somnole sur le port.
Des remords laissés sur le cœur,
Te retrouvent près du rebord.

Admireuse de la lune aux dunes effacées,
Où le soleil sommeille une nuit éclairée.
Le premier détesté, le dernier détonné,
Des tonnerres d'été pour des éternités.

*Un soir d'été*

Pour toi jeune menteuse qui me rend l'âme heureuse,

Un unique trésor que renferme ton cœur

J'ai rencontré notre rencontre,

Elle seule me rendu compte,

Que j'étais celui qui comptais,

Des histoires que l'on contait.

Des feux vernissaient à l'affût,

Tes yeux verts disaient par la vue

Reflet d'une chance attendue

Futur d'une vie éternelle

Réelle romance atténue

Tous les deux pour des terres belles.

*Afrique*

Le soleil brûlant laissa le sol répandre,

Le feu dans la forêt sous un nuage de cendre

Je me rendis compte de ton immensité,

Lorsque l'on vit sombre ma belle identité.


Le sable résonne et la savane raisonne,

Où âmes et lionnes s'envolent puis rayonnent.

Les ruines sous la brume et mes bruits dans le mur

Les rues couleur prunes aimaient la pluie pure


Le paysage dessiné est resté sage,

Mes yeux savent et résistent à ce message,

Ta présence insoupçonnée à travers mes pensées,

Me fais oublier mes blessures non pansées.

*Une lumière sombre*

L'odeur de la peur affole de nombreux cœurs

Une fleur à mon cœur, un amour qui m'effleure

Les heures et l'ennui représentent deux hommes mélodieux

L'oubli dans la nuit paraît plus fort lorsqu'il est silencieux.


Les jeunes ombres tremblaient d'avenir,

Mes genoux sombres semblaient parvenir,

À cette âme brisée sur la coupée,

Où l'on vit briller ce simple couplet.

*Conscience*

Je vois un satellite comme un astre à cœur

J'essaie ces mélodies jusqu'à ce que tout m'écœure

Chaque élève représente un seul nombre,

Chaque été je me rappelle des sols d'ombres.

Les âmes partent plus vite sur une lame,

Les larmes se sèchent au plus près de la rame,

La terre pousse l'eau que le temps gorge,

Le vent souffle l'herbe que l'on engorge.

*Vol sans moi*

Toi mon oiseau vole au dessus de l'eau,
Toi mon oiseau vole dans l'air des moineaux
L'endroit qui te niche s'effrite dans le bois,
Un soir ta famille s'invite sous mon toit.

Lorsque tu ravages leurs champs,
Les humains saccagent ton chant
Le plus grand silence éternise,
Notre patience qu'ils méprisent.

Sauve toi loin d'ici, loin de ce paradis,
Bien ailleurs où l'enfer ne fût jamais écrit!
Rendons à tous ces oiseaux leur maison,
Que laissons-nous sans aucune mission?

*Un chemin imaginaire*

Gambader permet d'oublier,

Je cesserais d'attendre le temps

Je serais fermier puis routier

Mais je trouverais vos enfants

Dans un parcours mené sans fin

L'espoir plein de coups et semé de maux

Un sport où l'esprit remplace les mots

Un peu court mais moins enfantin.

Sur terre les humains sont prêts,

En mer s'étendent leurs succès.

Je voudrais pour cette fois,

Voir le centre des planètes,

Où vont mourir les comètes,

Et s'ouvrir comme une noix.

*Risible campagne*

À ces châteaux travaillés par les eaux,
Les dépôts se retrouvent à leurs pieds,
Chargés par la pluie de lourd minéraux
La pierre souffre le sort de l'été.

Le blé souffle la famine des grandes villes
La paille couvre la farine du fournil,
Cette couleur jaune disperse ses rayons
Dans le sang coule le fer après la saison.

Dans l'étang les années s'étendent,
Le temps que la vallée les rende
Il ruisselle un courant d'air froid,
Lui seul est au frais des parois.

*Au pied du travail*

Tout d'abord ce poème t'est offert,
Cette rime s'adresse au premier vers

Mes paroles deviennent dramatiques,
Pourtant cette approche n'est pas basique

Tout ce que j'ai pu apprendre à l'école,
Achevait le travail de mes épaules

La plume que j'ai cessé d'essuyer,
Coule sous la pluie avec mes souliers

Je ne serais jamais à la hauteur,
Pourtant j'écris comme tous ces auteurs

Regarde-toi si t'affrontes l'envie,
Pardonne moi si j'enfreins les écrits.

*Mondité*

Lorsque j'irais vivre sur les comètes,

J'écrirais des livres pour les planètes

L'issue s'ouvrira en un segment qui scintille,

Le silence s'apprête à s'évader des grilles.


Un jour nous saurons quand les arbres s'en iront,

Si hier nous pouvions, sauver notre maison

Sans racines nous verrions la terre en saigner,

Les petits sont les seuls qui peuvent enseigner.


La nature naît sous les armes délaissées,

Les désastres se retrouvent éparpillés

L'avenir nous réserve le futur odieux,

Ma main se lèvera pour signer notre adieux.

*La vie*

Sous les vêtements je sens ma peau éraflée
Tout doucement je sors mes cris par la fenêtre
Ils adhèrent tous à ce délire enflammé
Je reste le seul qui peut lire dans son être.

Je m'adresse à celle qui refuse mon aide
Chaque jour est un rêve que certain me cède
Ce soir l'obscurité nous enverra la nuit,
Je suivrais son cours jusqu'à ce qu'elle me fuit.

Je tais la souffrance après mondité bleu,
Je fais référence à ce que m'ont dis tes bleus.

# Sommaire

## Sommaire du recueil

- Bleu clair ……………………………...….p.5

- Une éternité ……….……………….…...p.6

- Un soir d'été …………...…………….…..p.9

- Afrique ..….……….…………………p.10

- Une lumière sombre ……………...………p.13

- Conscience …………………………p14

- Vol sans moi …………………………..p.17

- Un chemin imaginaire ………………..….p.18

- Risible campagne ……...……………...p.21

- Au pied du travail ……………….…....p.22

- Mondité ……………..……..…….…….p.25

- La vie …….………….….………..….…p.26

Comme un astre au milieu de l'espace,

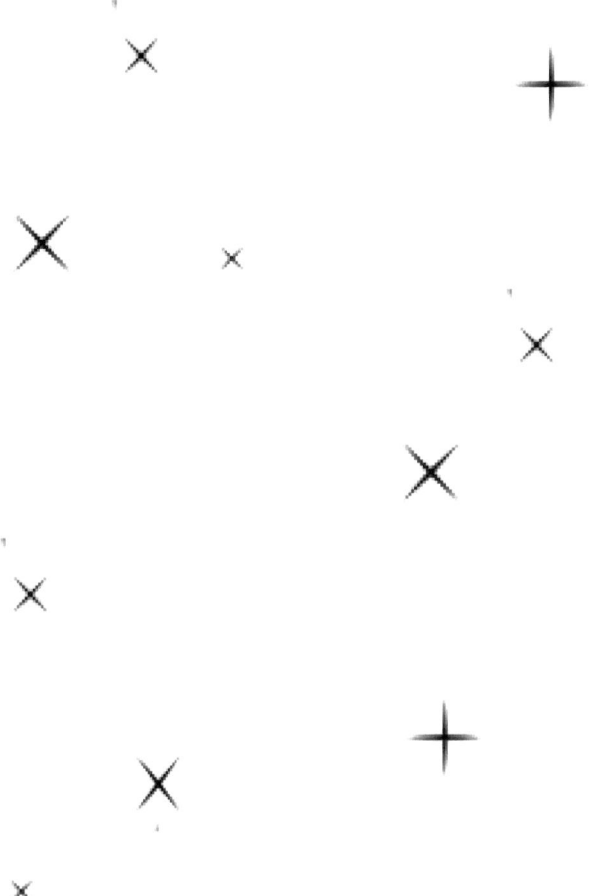

Un monde où je peux laisser ma trace.

«Quand les étoiles s'éteindront la route sera ma lumière»

Florian Gentelet – Mondité bleu

© 2017, Florian Gentelet

Edition : BoD - Books on Demand
12/14 rond-point des Champs Elysées, 75008 Paris
Imprimé par Books on Demand GmbH, Norderstedt, Allemagne
ISBN : 9782322085125
Dépôt légal : octobre 2017